HELLOLÚIA!

Alan Titley

Hellolúia!

ARLEN
HOUSE

Hellolúia!

Foilsithe in 2024 ag

ARLEN HOUSE
42 Grange Abbey Road
Baldoyle, D13 A0F3
Éire
Fón: 00 353 86 8360236
Ríomhphost: arlenhouse@gmail.com
www.arlenhouse.ie

978–1–85132–325–8, bog

Dáileoirí idirnáisiúnta
SYRACUSE UNIVERSITY PRESS
621 Skytop Road, Suite 110
Syracuse
New York 13244–5290
USA
Fón: 315–443–5534
Ríomhphost: supress@syr.edu
www.syracuseuniversitypress.syr.edu

Clóchur ¦ Arlen House

Grianghraif an chlúdaigh: Pauline Bewick
'Tuscan Meadow' ▪ 1999 ▪ watercolour

Tá Arlen House buíoch de
Chlár na Leabhar Gaeilge
agus d'Fhoras na Gaeilge

Foras na Gaeilge

CLÁR

8 *Admhálacha*

12 The Beast
13 An Bhéist

16 The Wisdom of the Tree
17 Fios an Chrainn

18 Myles Joyce
19 Maolra Seoighe

20 My Senses
21 Mo Chéadfaí

22 In the Garden
23 Sa Ghairdín

24 Haikus for Hiroshima
25 Haikiú Hiroshima

28 The Pong of Amergin
29 Rosc Nimhirgín

30 Holocaust
31 An tUileloscadh

32 Questions
33 Fiafruithe

44 The Ear of the Bog
45 Cluasa an Phortaigh

46 Clemency Goodwin, witness, 16 November 1688
47 Clemency Goodwin, finné. 16 Samhain 1688

50 The Cutting
51 An Sceanadh

54 Days
55 Laethanta

56 Lorca and the Blueshirts
57 Lorca agus na Léinte

64 Progress
65 Dul Chun Cinn

66 Prayer
67 Paidir

74 The Undocumented Irish
75 Na Siúracha sa Reilig

76 Villanelle Against the Algorithm
77 Villanelle Aghaidh na nAlgartam

78 New Saws
79 Nuafhocail

92 On Darien's Peak
93 Ar Bheann úd Darien

94 The Wonder
95 An tIontas

98 I was Hungry
99 Ocras

106 Tiny Little Fingers
107 Méara Beaga

112 The Four Horsemen of the Apocalypse Coming Over the Brow of the Hill
113 Ceathrar Marcach na hApacailipse ag Teacht de Dhroim an Chnoic

114 My First Day at School
115 Mo Chéad Lá ar Scoil

118 The Roads of Raasay
119 Cosáin Ratharsaidh

120 *About the Author : Faoin Údar*

ACKNOWLEDGEMENTS : ADMHÁLACHA

Most of these poems were published in two collections of poetry, *Rabhadh:Dánta* (Coiscéim 2013) and *… liricí gearra* (Coiscéim 2021). Some had appeared previously in *Comhar, Feasta, The Irish Times, Poetry Ireland, Irish Pages, An Guth* and elsewhere. 'Clemency Goodwin' is a translation of the first canto of *An Bhean Feasa* (Cló-Iar-Chonnacht 2014), a verse novel on the life, times and death of Goody Glover the Irish woman hanged as a witch in Boston in 1688. I am grateful to Pádraig Ó Snodaigh, the indefatigable editor of Coiscéim for his encouragement, to all the literary editors who have stuck by me, especially Aifric Mac Aodha, Pádraig Mac Fhearghusa and Tristan Rosenstock, and of course, Alan Hayes who has done so much for our literature through his dedication and patience. My daughter Aoife prompted me to write 'Little Fingers'/ 'Méara Beaga' on the occasion of the World Cup in Qatar in 2022. To Rody, Ríóna, Máirtín, Garry and Aifric thanks for the endorsements. As always, I am deeply grateful to Mary who has stood by me these many years, and my children Gavan, Keelan, Aoife, Brona and Fergal who keep a good eye on what I am up to.

Tá mo bhuíochas ag dul do na foilsitheoirí a raibh sé de chineáltas leaganacha de na dánta seo a fhoilsiú i bhfoirm leabhair nó in irisí, go háirithe Pádraig Ó Snodaigh, Lochlainn Ó Tuairisc, Aifric Mac Aodha, Rody Gorman, Pádraig Mac Fhearghusa, Tristan Rosenstock agus gan amhras Alan Hayes a chuireann oiread sin comaoine ar ár gcuid litríochta. Buíochas faoi leith dom chéile caoin Mary a thugann an tacaíocht is dual feadh an ama go léir, agus dár gcuid leanaí Gavan, Keelan, Aoife, Brona agus Fergal, agus a n-ál siúd a léigh nó a léifidh, Jonas-Liam, Alvar, Lucy, Rua agus Aifric.

do/for
Aifric

Hellolúia!

The Beast

The next time the Beast comes,
it will come on soft sweet slippers.
It will be as fresh as the morning dew and the sparkles of
its honeymoon will swing from its ears.
It will leave multicoloured bright eggs strewn
upon the world and help the sun to shine upon them.
The mature alphabet will wait its chance
in the bright hollows of our shadows.
The tight fists of blood lust will hide in the lips
of the winds and an alert guard will serve outside
the feast of the gryphons.
The horrible horned beast with the poisoned tail will lie
down peacefully on the bed of down by the chair.
Kisses will be heard knocking on windows
and the yellow goats will come in from the mountains with
their pitchers of wine and water.
The butterfly's daughter will descend on the pillow
and statues of smoke will be burnt on the thighs
of the dark night.

The next time the Beast comes,
it will not have the numbers 666 mossly engraved
on its forehead, nor even less will it display
its third nipple on the breast which it fondles
as its apple of love.
The big rats who dwell in the stars of evil
will not be woken, nor will she break through the doors of
heaven displaying her poisoned crown with a look.
The wounded eagle will not lamely traverse
the seven seas under gallops of victorious steeds.
The storms of black doves picking at the grass
of the graveyard will not be seen, nor when they take
delicious bites out of the eclipsis of the sun.

An Bhéist

An chéad uair eile nuair a thiocfaidh an Bhéist
tiocfaidh sí ar shlipéirí boga.
Beidh sí chomh húr le drúcht na maidine agus beidh solas
mhí na meala ar crochadh óna cluasa.
Fágfaidh sí uibheacha daite scaipthe ar fud na cruinne
agus déanfaidh lámh chúnta na gréine goradh orthu.
Beidh an aibítir aibí ag fanacht lena deis a thapú i loganna
geala na scál.
Fanfaidh doirne iata na fola i bhfolach i mbruasa na
gaoithe agus cuirfear garda luaimneach lasmuigh de
chóisir na mbadhbh.
Cuirfear fiabheithíoch an eireabaill ghránna
ina luí go ciúin
ar an leaba fhlocais faoin gcathaoir.
Cloisfear na póga ag cnagadh ar ghloine na bhfuinneog
agus tiocfaidh na gabhair bhuí isteach ón gcnoc lena gcuid
prócaí uisce is fíona.
Tuirlingeoidh iníon an fhéileacáin ar an adhairt agus
lasfaidh na dealbha deataigh i más na hoíche istigh.

An chéad uair eile nuair a thiocfaidh an Bhéist
ní bheidh 666 greanta sa chaonach liath ar chlár
a héadain ní mó ná go nochtfaidh sí didí na ndeamhan ar
an tríú cíoch a mhuirníonn sí ar úll an ghrá.
Ní dhúiseoidh na luchóga móra a bhfuil cónaí orthu
ar réalta an oilc agus ní bhrisfidh sí doirse na spéire
le coróin nimhe a cuid féachana.
Ní shiúlfaidh na fiolair leonta ar chosabacóid thar
an bhfarraige faoi scuainí buacacha each.
Ní fheicfear stoirm na gcolúr ndubh ag cogaint ar fhéar na
reilige ná ag baint greamanna dúilmheara as éiclips na
gréine.

The birds of profit and sweat will not be choked
by the ashes of whisper, and the keening women
will not be heard plucking the nettles of sweet violets.
You will not feel the dark moon imploding in your head,
nor will you lay a paw on the songs of the sages, on the
harvests of children who have been cropped.
Nobody will taste of the purple mushrooms
when the mist is high, and the heart of water
will not be boiled in little pleasant silken drops.

The next time that the Beast comes,
it will not come quietly on its four feet.

Ní chlúdófar éanlaith airgid an allais le luaithreach na
gcogar agus ní chloisfear na mná caointe ag stoitheadh
nathracha na sailchuaiche.
Ní mhothóidh tú an ghealach dhorcha ag pléascadh
i do chloigeann agus ní leagfaidh tú lámh ar na hamhráin a
bheidh ag sileadh fómhar na leanaí
a cuireadh chun báis.
Ní bhlaisfear de na muisiriúin chorcra nuair is ramhar
a shéidfidh an ceobhrat agus ní bheireofar croí an uisce
le braonacha beaga síoda.

An chéad uair eile nuair a thiocfaidh an Bhéist
ní thiocfaidh sí ar a ceithre chos.

The Wisdom of the Tree

The trees are now being felled
but we do not hear their whining
in forest or in dell.

If the king of trees is slain,
or the wood empress laid low,
who is there to say?

We have no names to strictly pin
upon them a scientific lip,
neither in Greek nor even Latin.

But they speak to one another,
these giants of the forest,
these arboreal monstrous lovers.

But when they are hacked down
their ghosts are never found,
but their silent pain resounds.

And when they bite the earth
with the final whack of axe
we cannot grasp their death.

But they scream and scream and scream
out of bottomless arboreal pain
to gods who are never there.

Fios an Chrainn

Anois arís tá na crainn á leagadh
ach ní chloistear a macalla
abhus ná i gcéin.

Má leagtar ardrí na coille
is banimpire na foraoise
cá bhfios dúinn é?

Níl ainm againn orthu
sa Ghréigis ná sa Laidin
ná san eolaíocht féin.

Ach labhraid lena chéile
fathaigh seo na cruinne
i dteanga mhaorga shéin.

Nuair a leagtar iad le fórsa
ní fheictear scáil a ngósta
is ní chloistear a n-uaill péine.

Nuair a leagtar iad go talamh
leis an mbuille deiridh garbh
ní heol dúinn a scéin.

Ach screadaid go hard le mulaid
ar dhéithe ciúine an adhmaid
as a n-ainmneacha dílse féin.

Myles Joyce

hanged for the Maumtrasna murders despite his innocence 1882

You dropped into the eternal night
where the big beasts of the law
light their straws of justice with
those clods of wet turf you knew so well.
You only got the little hard pebbles
on that bearded square-faced day
when the pigs on the green squealed
much louder than the little gnat of truth.

That's it. You never knew that gold grew
in the town in that tongue you never heard,
that there were people without a puff in their souls
sitting on pots of honey up to their brains.
Yours was an honest mind in an innocent body,
led by precepts which kept the neighbours
from one another's lands and throats:
'Don't covet, don't rob, don't kill, don't hang
a man as innocent as a baby in the womb.'

Maolra Seoighe

a crochadh san éagóir de dheasca ár Mhám Trasna 1882

Ghluais tú tríd an oíche shíoraí
áit ar thrasnaigh na mathúin an sliabh
lena ngeaitirí beaga den dlí a chuir lasadh
leis an móin fhliuch a raibh taithí agatsa uirthi.
Is tú a fuair na clocha beaga crua ag feitheamh
sna tithe móra nach bhfaca tú riamh roimhe
go dtí lá beag sin na cearnóige féasóigí
nuair a bhí peiribhiúic ar an bhfaiche
i bhfad níos fairsinge ná guth fann na fírinne.

Is ea. Níor thuig tú go raibh ór sna bailte agus
sa bhéarla sin nár airigh tú riamh cheana,
go raibh daoine gan puth anama ina suí
ar phrócaí meala a ghreamaigh dá n-intinn.
Intinn álainn mós simplí a shealbhaigh do chorp,
seantuiscintí a choinnigh comharsana ó scóig a chéile:
'Ná goid, ná santaigh cuid do chomharsana,
ná maraítear duine ar bith, ná crochtar fear
chomh neamhurcóideach leis an leanbh sa bhroinn.'

My Senses

I see with my ears
I hear with my fingers
I touch with my mouth
I taste with my nose
I smell with my eyes:

But I only understand in the secrecy of my soul.

Mo Chéadfaí

Feicim lem chluasa
Cloisim lem mhéara
Tadhlaim lem bhéal
Blaisim lem shrón
Bolaím lem shúile:

Ach tuigim lem anam faoi rún.

In the Garden

This is lovely, our newfound gentle nature talk
of willow trees and rabbits, soon orchids in bloom
and even daffodils which will fade away so soon,
no doubt then we'll hear of ladybirds on a stalk.
A rose by any other name I would not know
while begonia bugs the very break of day
and anemone can fade, for all I care, away
and dahlias droop to death before the snow.
As for weeds and brambles, I have less of a clue,
and grasses green, but then I am not a cow,
thistle and dock are all the same beneath the plough,
though a nettle's sting is a giveaway, this true.
Being a city boy, I still love the byways of the street
and tons of lovely concrete firmly beneath my feet.

Sa Ghairdín

Is maith liom iad, dáiríre píre, na lusanna sin ag fás
sa ghairdín agam: an lus mór is an beagphoipín
ag déanamh suas go fáilí ar mo mheidhreach magairlín
ar chuma leis faoin bhfeileastram Gearmánach ná a ál.
Is rómhilis ar fad liom an srubh lao corcra ar a sheal
ag sníomhadh timpeall ar aoibhneas na heilifleoige plúraí
nach tada é ar ghualainn na plásóige mionchircíní
ar mílítheach iad seach bodán cloigíní gach uile gheal.
An dréimire Mhuire ag dreapadh in airde ar dhraighean
  cumhra
is bainní bó bleachtáin ag clannadh leis an bhfionnas fáil
a phóg mo phlúirín samhraidh in ionad na rósanna úra
a spreagann an tsailchuach luath léimeadh suas i mo dháil.
Fós féin, b'fhearr liom cleatar ar tharramacadam go binn
is tonnaí áille crua coincréite faoi mo chosa is faoi mo bhoinn.

Haikus for Hiroshima

Rough worm in the sky
releases its loneliness
down – and back up.

The spider's web,
one of its threads
gets caught in our yellow fate.

Christ rose up in anger
clapping his hands,
the Buddha went into hiding.

God in the morning ordered,
'Let there be light!'
And there was.

Many years work,
a night's journey,
one morning's growth.

Scrubbed and cleaned
the clouds' feathers
wiped from the sky.

The sun combs
the hair of the clouds.
Insects flee.

Young women walking by
with blood-red eye lids,
August has come again.

Haikiú Hiroshima

Péist gharbh na spéire
scaoileann a cuid uaignis
anuas – agus aníos.

Líontán an domhain alla
gabhann snáth de
ceangailte sa bhuíchinniúint.

D'éirigh Críost le feirg
bhuail a bhosa
chúb an Búda chuige féin.

Dhúisigh Dia aniar le mochóirí
dúirt: 'Bíodh solas ann!'
Agus bhí.

Saothar bliana
turas oíche
fás aon mhaidne.

Pioctha agus sciomartha
cleití na néallta
glanta den saol.

Cíorann an ghrian
gruaig na scamall
teicheann míolta.

Mná óga ag dul thar bráid
deirge na fola faoi chaipíní a súl
an Lúnasa chugainn arís.

Death on the wing
plunging down
a shadow on a step.

Ashes bloom
on the bright street
and marry the sky.

The tips at the edge of the trees
do not hear
the mist arising.

The sun quenched,
breathing choked,
the river on fire.

Sound plays hide and go seek
with the eternal silence
and is never found.

Fingers grow
on the fiery bricks –
nails grow longer.

In the smile of the summer
the hair lip bisects
the lips of the world.

A priest, he prays
for peace for all,
and then he coughs.

The wild geese will never more
fly above us, nor
even an ugly duckling.

Bás ar eite
tuirlingt ghasta
scáil ar leaca.

Péacann an luaithreach
ar ghile sráide
pósadh spéire.

Ní chloiseann imill
bharra na gcrann
an ceo ag titim.

Múchtar grian
smúdtar beatha
lastar abhainn.

Imríonn an fhuaim
folach bíog leis an gciúnas
ní aimsítear í.

Fásann méara
ar na brící teo –
síneann ingne.

I lár lonradh an tsamhraidh
gearrann an bhearna mhíl
beola an tsaoil.

Sagart ag guí
ar son na síochána
ligeann sé casacht.

Ní sheolfaidh na géanna fiaine
os ár gcionn níos mó
ná cadhan aonraic.

The Pong of Amergin

I am the plastic upon the sea
I am a wave of rubbish
I am the roar of a jet
I am an ox head on the wall
I am a goose in the hand
I am a shaft of radioactivity
I am a rotting growth
I am the wild boar in the museum
I am the salmon in the fish farm
I am the dried-up lake.

I am the dimwit of wisdom
I am the nuclear bomb excited in the silo.
I will awaken every headache.

Who will melt all the icebergs in the world?
Who will count the quarks on the head of a pin?
Who knows where hate goes down?

Call upon the dimwit so he can chant you spells

I am the dimwit
I am plastic upon the sea.

Rosc Nimhirgín

Mé plaisteach ar muir
Mé tonn dramhaíle
Mé glór eitleáin
Mé damh stuáilte ar bhalla
Mé seabhac ar láimh
Mé dealán raidighníomhachta
Mé lofacht fáis
Mé torc san iarsmalann
Mé bradán san fheirm éisc
Mé loch á bhá

Mé daoi eagna
Mé buama núicléach ar crith sa chath
Mise a adhnas tinneas cinn

Cé hé a leagas cnoic oighir an domhain?
Cé hé a áiríos na cuairc ar ghob bioráin?
Cé dó is eol cá bhfuineann gráin?

Gair an daoi go gcanaidh briocht daoibh

Mise an daoi
Mé plaisteach ar muir

Holocaust

'Why choose us?' said the puzzled rabbi,
'why hate us for two thousand years, or more?
We never put on trial your Jesus
nor crucified your own saviour.'

'It was those cultured Romans,
'twas their law, they were the boss,
the Roman soldiers with their marbled Latin
drove their nails into the cross.'

An tUileloscadh

'Cén fáth sinne?' arsa an rabbi,
'fuath seo na mílte bliain siar síos,
ní sinne a mharaigh bhur Slánaitheoir,
ní sinne a chéas bhur gCríost.'

'B'iad na Rómhánaigh deasa úd,
ba leo an dlí, is a dhein an bheart,
saighdiúir Rómhánach lena Laidin bharbartha
a thiomáin na tairní isteach.'

Questions

Is it true that laughter is coloured yellow
and sadness brown?

Does the winter kiss not wake you
in the early morning air?

Does the rainbow go down into the earth
and come out the other side?

If the daffodil lifted up its head
would it steal the yellow from the sun?

Are dreams banned and forbidden
in the city state of the ants?

What has the hardness of the diamond
to say to the softness of an apple?

Does the grass get angry
when the cricket chirps?

What do the swallows do
when the clouds envelop them?

Is the memory of the famine
buried in the deserted village?

Is the dark berry the black sheep
in the green bunch?

Does the great sea send a shiver
down its own spine?

Fiafruithe

le buíochas do Phablo Neruda

An fíor go bhfuil dath buí ar an ngáire
agus dath donn ar an mbrón?

Nach músclaíonn póg an gheimhridh tú
i moiche na maidne?

An ngabhann an tuar ceatha isteach sa talamh
agus amach ar an taobh eile?

Dá n-ardódh lusa an chrom cinn a gcloigeann
an ngoidfeadh siad an solas ón ngréin?

An bhfuil cosc ar thaibhrithe
i nead chraobhach na seangán?

Cad tá le rá ag an diamaint chrua
le sú na n-úll?

An dtagann fearg ar an bhféar
nuair a cheolann an creabhar?

Cad a dhéanann na fáinleoga nuair
a ghabhann siad i bhfolach sa néall?

An bhfuil cuimhne an ghorta curtha
sna sráidbhailte tréigthe?

An é an caor dorcha an chaora dhubh
sa chrobhaing ghlas?

An gcuireann an fharraige mhór
creathán trína cnámh droma féin?

If the crow had a sweet voice
would it sing "The Yellow Bittern"?

Why is the most shapely potato
not as beautiful as an orange?

If you drank some morning dew
would you turn into a slug?

Would the fire seem boring
if the ashes flashed colour?

When the rain explodes in passion
does it feel relief?

Why does the carrot
sprout red hair?

How would history be
if the native Indians discovered Europe first?

If everyone in the world cried together
would they fill a bucket with tears?

Where are the words that are most like
badger, snake, owl?

Where are the brothels
near the portals of hell?

What happen the mermaid's tail
if she grew legs?

Dá mbeadh guth ag an bpréachán
an ndéarfadh sé "An Bonnán Buí"?

Cén fáth nach bhfuil an práta is deise
chomh hálainn leis an oráiste?

Dá n-ólfá bolgam den drúcht
an ndéanfaí drúichtín díot?

An dtaibhseodh an tine leamh
dá mbeadh dath ar an luaithreach?

Nuair a scaoileann an bháisteach dá paisean
an mbíonn faoiseamh uirthi?

Cad ina thaobh go bhfuil dath glas
ar ghruaig an mheacain rua?

Conas mar a bheadh an stair dá bhfionnfadh
na hIndiaigh an Eoraip i dtosach?

Dá ngoilfeadh gach uile dhuine le chéile
an líonfadh sé aon bhuicéad féin?

Cá bhfuil na focail ar cosúla le broic,
le naithreacha, le hulchabháin iad?

Cá bhfuil na tithe striapachais
in uachtar Ifrinn?

Cad a tharlódh d'eireaball na maighdine mara
dá bhfásfadh cosa uirthi?

The man in the moon,
where is he buried?

Who gorges on all the holes
in Swiss cheese?

How can the bee escape
from his buzz?

Santa Claus himself,
was he ever young?

Could you shock an economist
if he were young again?

Can you shake the powder from a butterfly's wing
on your own chest?

Could your forefinger
paint a portrait?

If you mixed your bones with a musician's
could you play the *bodhrán*?

Is the whinny of Dwelly's horses
as pleasant as the neighing of Dineen's mares?

Would cynicism cease
if the flowers of the sea dried up?

If you love nature so much
why don't you wear silk worms?

Fear na gealaí lasnairde,
cén áit a bhfuil a uaigh?

Cé a shlogann na poill go léir
i gcáis na hEilvéise?

Conas is féidir leis an mbeach
éalú óna seordán?

Daidí na Nollag féin,
an raibh sé riamh óg?

An mbainfí geit as eacnamaí
dá mbeadh sé óg arís?

An féidir púdar ó sciathán an pheidhleacáin
a chroitheadh ar do chliabh?

Cad a dhéanfadh mac an daba
ach pictiúr a phéintéail?

Dá ndéanfaí do chnámha a chumasc le ceoltóir
an seinnfeá an bodhrán?

An bhfuil sitrich each Dwelly chomh ceolmhar
le tríntealach chapall an Duinnínigh?

An dtiocfadh deireadh le searbhas
dá dtriomódh bláthanna na mara?

Má chreideann tú go mór sa nádúir
cén fáth nach gcaitheann tú péisteanna síoda?

If dreams sleep together
do they beget visions?

If the clouds kissed the mountains of the moon
would they wake up?

Is mist envious
of the shower of rain?

What would happen
if last night's dream became real?

What would the thirteenth month be called
if it was there?

What happens to the slow bird
at the tail end of the flock?

Isn't one noble nettle on its own
greener than all the lawns in the world?

Isn't the city a jellyfish
where nobody knows where its sting is?

Supposing the swallows don't return to Capistrano,
or anywhere else?

What would happen if the camel forgot
the secret name of Allah?

If you really knew yourself
would you still be in love with your heart?

Má luíonn brionglóidí le chéile
an ngintear aislingí?

Dá bpógfadh na scamaill sléibhte na gealaí
an músclódh siad as a suan?

An mbíonn éad i gcónaí ar an gceo
leis an bhfearthainn fhliuch?

Cad a tharlódh duit
dá bhfíorófaí taibhreamh na hoíche aréir?

Cad a thabharfaí ar an tríú mí dhéag
dá mbeadh sí ann?

Cad a tharlaíonn don éan mall
in eireaball na healta thiar?

Nach glaise uaisleacht neantóige ina haonar
ná machairí leamha féir an tsaoil?

Nach smugairle róin í an chathair
nach bhfeadair aon duine cá bhfuil a cealg?

Cuir i gcás nach bhfillfeadh na fáinleoga ar Capistrano,
ná ar áit ar bith eile?

Abair go ndéanfadh an camall dearmad
ar ainm rúnda Allah?

Dá gcuirfeá aithne cheart ort féin
an mbeifeá id chara fós led chroí?

Are the scientists' prophecies today
more accurate than those of the desert fathers?

If you love your good night's sleep
why do you not like the idea of death?

Would it really bother you
if Caitríona Pháidín went to a psychiatrist?

If words are blown in the wind
does bullshit blow in the words?

How can a pig's grunting understand
the braying of a donkey?

Where is the bar of iron
in the middle of a sentimental song?

Where are the lives of yesteryear
which you never managed to live?

Why is the froth of a pint of beer
the fringe of a biography which might have been?

When millions of ants are slaughtered
do they erect monuments for their dead?

Is the kiss which never came
out in eternity somewhere?

If you erected barbed wire around the banks
would sheep be allowed in?

An cruinne tairngreacht na n-eolaithe inniu
ná tuar na bhfáithe sa ghaineamhlach?

Más taitneamhach leat codladh na hoíche
dé chúis nach maith leat an bás?

An gcuirfeadh sé as duit
dá bhfreastalódh Caitríona Pháidín ar shíciatraí?

Má théann focail le gaoith
an dtéann gaotaireacht le focail?

Conas is féidir le gnúsachtach na muice
gángarach an asail a thuiscint?

Cá bhfuil an barra iarainn
i gcabhail an amhráin mhaoithnigh istigh?

Cá bhfuil na beathaí anois
nár éirigh liom iad a chaitheamh fós?

Cén fáth gurb é cúr na beorach
fáithim na beatha ann is as?

Nuair a mharaítear seangáin ina millúin
an dtógann siad leacracha in ómós na marbh?

Cá bhfuil an phóg le fáil gan dreo
laistiar den tsíoraíocht amuigh, ar ndóigh?

Dá ngearrfaí an tsreang dheilgneach timpeall
ar na bainc lasmuigh, an ligfí fós na caoire isteach?

What would happen to all the roots
if they began to walk?

If we worked as hard as a tree
would it solve all our problems?

Is the dark magnet of the earth underground
stronger than the pull of the moon?

If the colour red is killed off
what will we do with the rising sun?

Why is the earth so angry
when we only scrape the surface?

Why is it that it is not only the white notes of the piano
that makes the music?

Was grey jealous
when purple was discovered?

What did the dumb trumpet say
to the chicken bits on the rubbish dump?

When the lambs are bleating
does the shepherd girl understand what is being said?

If I buttered up the banker
would I be buttered by the banker's son?

When all the questions are finally answered
will that be the end of the world?

Cad a tharlódh do na préamhacha ar fad
dá dtosnódh siad ag siúl?

Dá n-oibreoimis ar nós an chrainn
an réiteofaí ár gcuid fadhbanna go léir?

An láidre an maignéad dorcha faoin talamh
ná tarraingt uiscí na gealaí?

Má tá deireadh le deirge
cad a dhéanfaimid le moiche na maidne?

Cén fáth a bhfuil fearg ar an domhan
nuair nach ndéanaimid ach an screamh a thochas?

Conas nach iad fiacla geala an phianó amháin
a dhéanann an ceol?

An raibh éad ar an léithe
nuair a tháinig ann don chorcra?

Cad é go díreach adúirt an trumpa balbh
le hál sicín an bhainc dramhaíl?

Nuair atá an uain ag méiligh
an dtuigeann an cailín atá ag feitheamh a brón?

Dá gcuimleoinn mac an bhaincéara
an gcuimleodh mac an bhaincéara liom?

Nuair a bheidh freagra ar gach ceist
an dtiocfaidh deireadh an domhain ansin?

The Ear of the Bog

The ear of the bog hears:
The whine of the wind
The whisper of cotton grass
The slap of the spade
The terror of the sod
The mouldying of the butter
The silence of the corpses
The footing of sods
The rustle of powder
and
The murmur of turf.

Cluasa an Phortaigh

Cluineann cluasa an phortaigh:
Geonaíl na gaoithe
Cogarnach an cheannabháin
Slaparnach na sluasad
Fuarchrith na bhfód
Imleá an ime
Ciúnas na gcorpán
Gróigeadh na gcaorán
Siosarnach an smúdair
agus
Monabhar na móna.

CLEMENCY GOODWIN, *witness, 16 November 1688*
from the verse novel An Bhean Feasa *on the life and death of Goody Glover, the Irish woman hanged as a witch on Boston Common in 1688. This is the first* canto.

The old witch, she had it coming to her, she had to hang
for the true way she had abandoned, the path of goodness
left behind, the psalms of righteousness she never sang

but went with Popery, and bore the mark of the Anti-
Christ upon her pitched and pocked face, white as the
sepulchre of evil, and grey for she knew the end was nigh.

And she would face the truth as terrible as sin.
Did I pity her, you ask? No, neither a jot nor title,
for the holy book doth tell us that we must not cringe

from the judgement of the just, for as sure as I am saved
she is condemned, and the black flower can never give the
honey which the lost soul will always crave.

I have rarely seen naught akin to her miserable state,
a ghostly flesh all drooling down upon a moving cart,
and defiance there spitting out behind that paleskin face.

Her legs were dragged with force to scrape across our
streets, this shit of life (forgive me, it is a word I do
eschew), her face as sickly pale as, let us say, words failing

as the sheets of the unrighteous dead; but yet, her I did not
curse, for she was never worth it, why would I expend a
breath on such a witch, I never had such a developed thirst.

But she I had seen down on the fishmonger quay
beating clothes against the rock on lovely stone
and blabbing a tongue which devils they did spake.

CLEMENCY GOODWIN, *finné, 16 Samhain 1688*
Ón úrscéal véarsaíochta An Bhean Feasa. *Seo é an chéad* canto.

An bhitseach! Bhí sé ag dul di gan amhras! Cad eile a dhéanfá
leo siúd a dhein an chonair cheart a thréigean? Má dhein sí
déithe falsa an éithigh a adhradh, cad é sin domsa ná dom
mhuintir?

Bhí a haghaidh chomh mílítheach leis an bpeaca, is fíor,
chomh bán leis na scamaill a bhí os a cionn lasnairde,
chomh liath leis an tréimhse seo idir dhá ghealán.

An raibh trua agam di, a fhiafraíonn tú? Trua an duine
le duine eile? Trua an Chríostaí chóir leis an bpeacach?
Ach d'fhoráil Dia orainn gan ligean leis an mbandraoi

a beatha. Ar thuig sí ina croí istigh a raibh roimpi?
Ní thuigeann an croí dubh solas bláth an ghrásta
ach an croí is duibhe féin loisctear rua in Ifreann.

Ní raibh bualadh amach uirthi maidir le hainnise,
dúlra an duine ag siúl i lár an bhealaigh seo againne
aghaidh uirthi chomh liath le leac na huaighe,

a cosa á dtarraingt go malltriallach ní nach ionadh
trí shráideanna a bhí breicnithe le daoine maithe
agus thar thithe a bhí ag borradh breith ar an aer.

Ina dhiaidh sin níor chaith mise aon eascaine léi,
niorbh fhiú liom í, níorbh fhiú lem anáil
a chur amú le fuaicle crón i mbéal na maidna fuaire.

Bhí feicthe cheana agam ar bhruach na farraige
éadaí salacha á mbualadh ar ghualainn cloiche,
gibris cainte is seilí slaimiceálta lena béal síos.

Of this, much I do not remember, but only just
that she was a one to be avoided, a harridan
who could make water boil, and could thrust

us all to hell with wisps of hair put in a bowl
and boiled with a broth of dragons' teeth
infused with the intestines of a young virgin owl.

Yes, I had heard about her, had heard her exploits well.
All that stuff about her cat, her loving close familiars so I
did not shed a tear when she dropped down into hell.

Ní raibh de chuimhne agam ach go gcaithfinn a seachaint,
na súile beaga sin aici ina gcaora ruamanta a chuirfeadh
fiuchadh san uisce i gcorp an gheimhridh istigh.

A cuid gruaige ina slaoda liatha anuas go gránna,
dosa feamainne gan luisnce an tsáile ina sholas triothu
agus lámha garbha nár chlúdaigh lámhainní riamh.

Chuala a tásc, gang ó, tásc an oilc is na goimhe,
chuala na scéalta mion is mór a ghluais sa ród roimpi,
deoir ná deoir níor ghoil mé is í ag dul chun na croiche.

The Cutting

They came for me that morning,
the elders and the grandmothers –
maybe not that old after all.

But they were ancient to me,
their skin on withered faces
as dry as sour low souls.

I don't remember it, I don't recall
that sear of pain again ever
except when stabbed.

But I often see myself once more,
when I hear of the clipping
of other cutcursed girls.

I heard their giggling godsnip
just there above me,
the cutting talk of the elders.

Besting one another for fun,
sweet banter of company
lanced with mockery.

The knifeman did his job
with artistic precision,
or so the town said.

Then off they went,
my butcher too
to cut some hair.

An Sceanadh

Tháinig siad dom an mhaidin úd
seanóirí is seanmháithreacha an bhaile
fág nach raibh aon aois mhór acu.

Aois mhór a bhí acu domsa
an craiceann ar a n-aghaidh
chomh tirim lena n-anam íseal.

Ní cuimhin liom é, ní cuimhin liom
ach an phian anois nuair a
ghabhann scian eile isteach ionam.

Ach chonaic mé go minic mé féin,
mar a chonaic mé an ciorradh
ar ghearrachailí gearrtha eile.

D'airigh mé an bhrille bhreaille
os mo chionn lasnairde
sleánchaint na seanóirí.

Iad ag bearradh a chéile le greann
is ag sceanairt a chéile go binn
le bior grinn magaidh.

Rinne an ropaire scine a ghnó
go healaíonta géarchúiseach
adúirt an baile.

Ansin d'imigh siad leo,
mo bhúistéir ina measc
d'fhonn gruaig a lomadh.

And there I was,
cut to the nub,
no sugar plumb for me.

It was me clipped, cuntcut
as a dry blind bud,
a wisp of no joy.

That was it, those old tribal scars
that left women wickless,
and the people dry.

Can I remember when they
came to cut me? Well,
I can now.

I am stitched to this fate
that disobliges the twat
and raises the schlong.

But though they may barbarise
my femininity, I am still a woman,
unapologetically.

Is mé ceal ribe ar bith,
ribe ar choigeal, ribe rí-rá,
ribe an tseabhráin.

Mé sciotaithe, sclártha
im thobar aimrid caoch
im shop nach scuabfaí.

Is ea, seanmhéirscrí na treibhe
a d'fhág mná gan bhuaiceas
is an pobal go tur.

Ní cuimhin liom an lá
ar tháinig siad dom ghona-
ghearradh, ach tá ó shin.

Mé fuaite leis an dán seo
a dhéanann beag den bhob
is mór den bhod.

Ach ó bharbaraíodh an chuid sin
dem bhaineannacht díom, mise i mbannaí air
go bhfuil an tine fós ionam mar mhnaoi.

Days

Cold days
the owl talks through his two big eyes

Hot nights
melt the marrow of the gods

Wet afternoons
the rain never repeats itself

Bright mornings
you can swim in the river to the ends of the earth

Laethanta

Laethanta fuara
an t-ulchabhán ag caint trína shúile donna

Oícheanta teo
ag meilt smior na ndéithe

Tráthnóntaí fliucha
ní dhéanann an bháisteach aithris uirthi féin

Maidneacha geala
is féidir snámh san abhainn go foirceann na beatha

LORCA AND THE BLUESHIRTS

They got you in the end, Federico, my dark man, just when your soul was not flitting between the pagan ruins and the high cathedral.

You, in whom the spirit leaped when you heard the old woman say that the pot was ready when she heard the water laughing.

You, who cast pebbles at the moon, but which returned to earth as little golden balls.

You, who followed the road which was choked with daisies while multicoloured frogs made love together on the edge of the meadow.

You, who said that Jesus followed ants into their nests as a young boy, and you did the same with wonder.

You, who wondered why all the fuss was about the wars of the flesh when the wrestlings of the soul were the only big question.

You, who despite the professsors, contended that being a man of art meant being inimical to every system.

You, who saw the silver fish jump to take a bite out of the stars while you swam in the ocean of the Spanish language.

You, who heard the golden storms blowing across the desert and the wind barking at the rim of the blanket of snow.

Lorca agus na Léinte

Tháinig siad ort sa deireadh, a Fhir Dhorcha,
tráth nach raibh d'anam ag eitilt idir an fothrach págánach
agus an Ardeaglais naofa.

Tusa ar léim an spiorad ionat nuair a chuala tú an
tseanbhean ag rá gur chóir an pota a bhaint anuas nuair a
chrom an t-uisce ag gáirí.

Tusa a chaith clocha leis an ngealach agus gur tháinig siad
ar ais ina dtáinruathair mar bháillíní beaga óir.

Tusa a lean an bóthar a bhí plúchta le nóiníní ar a raibh
losáin ildaite ag déanamh aoibhnis le chéile ar imeall an
mhachaire.

Tusa a dúirt gur chaith Íosa a óige ag leanúint na seangán
ina gcró beatha agus gur dhein tú féin mar an gcéanna le
hiontas.

Tusa a d'fhiafraigh cad ab fhiú cogaí fíochmhara na feola
nuair gurbh í corraíl chorrach an anama an t-aon cheist
amháin.

Tusa a mhaígh in ainneoin na n-ollamh gurbh ionann a
bheith id fhear dána agus aghaidh gach córais riamh
amach.

Tusa a chonaic an t-iasc airgid ag léim chun greim a bhaint
as na réaltaí agus tú ag snámh i dteanga fhairsing na
Spáinnise.

Tusa a chuala na feochain óir ag séideadh ar fud an
ghaineamhlaigh agus an stoirm fan teorainn imeallbhord
an tsneachta.

You, who danced with the wounded lion who looked in horror at the brown fuzz of the morning on his shanks.

You, who saw the laugh of the universe in the dust of the road but who noticed the long shadow at the tail of every syllable.

You, who knew that life laughs in the middle of the prayer of death but that it is not the mortal's braying that counts but the heart's measure.

You, who understood that nobody visioned words like yourself prancing on the galaxies in which your dream was waiting.

You, who copped that the seeds of torture nested at the bottom of the crib in the bosom of the free, the pleasant, the charming.

You, who desired to be a nightingale in the green of the early morning and to be still full of its music at the drawing down of the night.

You, who asked if the dream be blue, what innocence meant if love had no arrows of its own.

You, who stuck your head out of the window so that the knife of the wind could take slices off it.

You, who were pregnant with unwritten poems while your darkness inside made music with the clipped clack of the crickets.

Tusa a rinne rince leis an rós leointe a raibh alltacht air ag clúmh donndorcha an mhaidneachain ar a mhása.

Tusa a shonraigh an chruinne go hiomlán i nduslach na slí ach a raibh scáil fhada mar eireaball le gach sciolla díobh.

Tusa a thuig gur gáire is ea an saol i gceartlár phaidrín an bháis agus nach é gángarach an duine ach an grá ina chroí a mheánn.

Tusa a mheas nach raibh do dhiongbhála d'fhísí focal ag bithlingeadh ar fud na reanna móra ina raibh d'aisling ag fanacht.

Tusa arbh shoiléir duit go raibh síolta an chéasta neadaithe thíos faoi bhun tuí an chliabháin sa bhráid shaor sholasmhar shéimh.

Tusa ar theastaigh uait a bheith ina fhiliméala i moiche na maidine glaise agus id chroí lán lán le teacht na hoíche.

Tusa a d'fhiafraigh má bhí an aisling gorm cad ba bhrí leis an neamhurchóid mura raibh saigheada ar bith ag an ngrá.

Tusa a sháigh do chloigeann an fhuinneog amach ionas go bhféadfadh scian na gaoithe sceilpeanna ramhra a bhaint as.

Tusa a bhí torrach le dánta nár scríobhadh riamh agus an duibhe ionat ag ceol le cleagar clipeanta na gcreabhar.

You, who slept with the skeletons of a thousand butterflies inside your walls while the soft rabble of a wind touched your cheek.

You, who died so often so that your many wounds would keep you alive and kicking.

You, who feared to be a tree trunk sans branches, sans bloom, sans earth, in case the worm of despair might live there.

You, who always dwelt under the shadow of tears and who never saw a straight road in the labyrinth of life.

You, whose stars in your heart and roses on your brow were as bright as the pain which you would endure.

You, who believed that the dead were alive in Spain more than in any other country and which was verified in your time.

You, who walked the wild road between God and Dionysius but who discovered that in the end they were all the same.

At the end of the same day and when all was said and done, there was no difference between God, Dionysius and the Devil when they dragged you out manacled

in chains with an old lame schoolteacher to Golgotha, the Place of the Skull, Fuente Grande, where the well was spouting blood already.

Tusa inar chodail cnámharlach na mílte peidhleacán laistigh ded mhúrtha agus gur ghluais daoscar bog gaotha thar do leiceann.

Tusa ar mhinic ar cailleadh tú ar son go bhféadfadh an gearradh ionat tú a choimeád id dhúiseacht bheoga.

Tusa a raibh eagla ort a bheith id thamhan gan ghéaga gan bhláth gan chré chun piast an éadóchais ionat a chothú.

Tusa a bhí beo riamh faoi scáil na ndeor ach nach bhfaca bóthar díreach d'aon saghas i gcathair ghríobháin na beatha.

Tusa a raibh na réaltaí ag crith id chroí agus na rósanna go léir ar do ghrua chomh geal leis an bpian a bhí i ndán duit.

Tusa a chreid go raibh na mairbh níos beo sa Spáinn ná i dtír ar bith eile de chuid na cruinne agus gur fíoraíodh sin i ndeireadh na preibe.

Tusa a shiúil an bealach go fiata idir Dia agus Dionysius ach gur fhionn tú nach raibh aon difear eatarthu i ndeireadh na feide.

I ndeireadh na feide ní raibh aon difear idir Dia agus Dionysius agus an Diabhal nuair a thugadar amach ar shlabhra láimhe tú le.

Seanmhúinteoir scoile ar leathchois go hÁit an Chloiginn
Fuente Grande a raibh an tobar ann
ag bárcadh fola cheana féin

Already the other corpses were prepared but they decided
to scourge you between two *toreador*s and then by the
grace of the blueshirts they plugged a bullet

through your head, your chest, your body, your heart,
your pelt, and two more up through your arse just in case,
just in case, just in case, and just in case you might rise
again for any reason at all after three, or after thirty years.

cheana féin bhí na corpáin eile réidh ullamh ach socraíodh go gcéasfaí tú idir beirt *toreador* agus ansin le toil na léinte gorma.

Cuireadh piléir id cheann, id chliabh, id chabhail, id chroí, id chraiceann, agus dhá cheann suas id thóin ar eagla na heagla, agus na heagla, agus ar eagla go n-éireofaí arís ar chúis ar bith tar éis trí lá nó tríocha bliain.

Progress

The druid begot the priest
The priest begot the sage
The sage begot the philosopher
The philosopher begot the poet
The poet begot the psychologist
The psychologist begot the psychiatrist
The psychiatrist begot the guru
The guru begot the druid
The druid begot the priest.

Dul Chun Cinn

Rinneadh sagart den draoi
Rinneadh saoi den sagart
Rinneadh fealsamh den saoi
Rinneadh file den fhealsamh
Rinneadh síceolaí den fhile
Rinneadh síciatraí den síceolaí
Rinneadh gúrú den síciatraí
Rinneadh draoi den ghúrú
Rinneadh sagart den draoi.

Prayer

for the eighth billionth child

That you may
survive the womb, because many don't.

Survive the cradle if you are a girl in India or in China,
because many other girls don't.

Survive the knife if you are a girl in those places who wish
to clip your femininity.

Survive hunger if your belly is swollen with hunger rather
than with excess.

Have parents that don't chuck you on the rubbish heap.

Have friends who laugh and joke and have fun.

Have some one thing that nobody else has.

May be lucky, as luck is the silver bullet.

May go to school, rather than to slavery.

May go to school, and that it may be kind.

May go to school with an open mind.

May see the sun shining every morning.

May behold a miracle, somewhere, sometime.

May hear your parents laugh.

May hear your heart talking.

May imagine ghosts that are not there.

May imagine joys that others have.

May imagine the unimaginable.

May taste enough of enough.

Paidir
ar son an ochtú mbilliúnú duine –

Go dtaga tú slán ón mbroinn, mar is mó duine nach dtagann.

Go dtaga tú slán ón gcliabhán más cailín tú san India, nó sa tSín, mar is mó girseach eile nach dtiocfaidh.

Go dtaga tú slán ón sciain más cailín tú sna tíortha sin ina gceaptar gur rud maith é do bhaineannacht a lot.

Go dtaga tú slán ón ocras má tá do bholg ataithe le heaspa seachas le hiomarcacht.

Go raibh tuismitheoirí agat nach bhfuil sásta tú a chaitheamh ar an gcarn aoiligh.

Go raibh cairde agat a dhéanfaidh greann leat agus gáire.

Go raibh rud beag éigin agat nach raibh ag duine ar bith eile.

Go raibh an t-ádh leat, mar is é an t-ádh an buachaill báire.

Go dté tú ar scoil, seachas ar sclábhaíocht.

Go dté tú ar scoil is go gcasa cineáltas ort.

Go dté tú ar scoil is do mheabhair ar oscailt.

Go bhfeice tú an ghrian gach maidin.

Go bhfeice tú an áilleacht nach bhfeiceann cách.

Go bhfeice tú míorúilt áit éigin, uair éigin.

Go gcloise tú do thuismitheoirí ag gáire.

Go gcloise tú do chroí ag caint.

Go gcloise tú an fhírinne anois is arís.

May taste a sourness that turns sweet.

May taste the drink of wonder at the end of the night.

May understand that which is mysterious.

May know that you are lucky.

May get the light between two darknesses.

May kiss he who is neither a prince nor a frog.

May kiss the earth when it understands you.

May kiss the sky when it touches you.

May beat the drum when it can be beaten.

May walk the depths on twinkling toes.

May make music where there are only sour pusses.

May spread happiness where misery once thrived.

May ask questions where once there were only answers.

May give this and that where there was only that and this.

May see revival with every sunrise and dance with the ladybird on a stalk.

May walk those roads that you know not where they go.

May move like the bishop on a chessboard, zig and zag, like the mind of God.

May partake of the cup of merriment until you are nearly mad, but may never see the dregs or the lees.

May smash all the big huge truths into millions of little pieces.

Go samhla tú taibhsí nach bhfuil ann.

Go samhla tú aoibhnis a gheobhaidh daoine eile.

Go samhla tú nithe doshamhlaithe.

Go mblaise tú leor do dhóthain.

Go mblaise tú searbhas a mhilseoidh.

Go mblaise tú deoch an iontais i ndeireadh na hoíche thiar.

Go dtuige tú an rud dothuigthe.

Go dtuige tú go bhfuil an t-ádh leat.

Go dtuige tú an solas idir dhá dhoircheacht.

Go bpóga tú duine nach prionsa ná frog é.

Go bpóga tú an talamh nuair a bheidh sé tuisceanach duit.

Go bpóga tú an spéir nuair a shroichfidh tú é.

Go ndéana tú an druma a bhualadh nuair a bheidh sé inbhuailte.

Go ndéana tú an doimhneacht a shiúl ar bharraicíní éadroma.

Go ndéana tú ceol san áit nach raibh ach pus searbh ime.

Go dtála tú sonas gan an donas a bheith ina shlata tríd.

Go dtála tú ceist sna áit nach raibh ann ach freagra.

Go dtála tú seo is siúd san áit nach raibh ann ach siúd is seo.

Go bhfeice tú an athnuachan le héirí gach lae, is go rince tú leis an mbóín dé ar ghas.

May the sun and moon and wind drive your wonders, just like that.

May be like other people, and be completely yourself.

May walk in the cities of your heart where there is gold on the street which you cannot eat.

May be surrounded by the fires of love, and be burned accordingly.

May hear the music that nobody else has heard, just you yourself.

May sit on a small stool you made yourself rather than on the big chair of your ancestors.

May arrive at the party completely naked and depart the same way as wise as ever.

May live your own life, because it is nobody else's fiction.

May be guided for the better by one of God's good creatures.

May awaken with yourself rather than another's bad dreams.

May be smothered by red and yellow and tawny and purple and orange and stripy and multicoloured luck.

May entertain ideas that even God has not thought of.

May swim on land that wasn't designed for swimming.

May grow charity in your heart softer than any the law has encountered.

May go on a journey for which there is no map.

Go leana tú ag coisíocht ar na bóithre sin nach feas duit a gcríoch.

Go ngluaise tú ar nós easpaig ar chlár fichille, soir is siar is fiarthrasna, ar nós smaointe Dé.

Go n-óla tú de chupán na meisce go mbeidh tú beagán ar mire, ach nach bhfeice tú a ghrinneall mar is ann atá an dríodar.

Go mbrise tú na fírinní móra gránna suas ina smidiríní áille beaga.

Go rithe grian is gealach is gaoth led ghaisce gnáith, is go raibh siad mar sin.

Go raibh tú cosúil le daoine eile, agus go raibh tú go hiomlán ar leith uathu.

Go siúla tú i gcathair do chroí, áit a mbeidh ór ar na bóithre nach féidir leat a ithe.

Go dtimpealla tinte grá an fheabhais tú, agus go raibh tú loiscthe dá réir.

Go gcloise tú an ceol nár chuala aon duine fós, ach tú féin amháin.

Go suífí tú ar stól beag ded dhéantús féin, seachas ar

chathaoir mhór a dhein do shinsir duit.

Go dtaga tú ar an gcóisir go hiomlán nocht, is go n-imí tú amach an príomhdhoras chomh tuisceanach céanna.

Go maire tú do shaol féin mar ní ficsean duine ar bith eile é.

Go gcuire ainmhí éigin de chréatúir Dé ar do leas tú.

May get a whisper of a secret that will never be revealed.

May live in your deep heart's core when other hearts' cores are pressing you.

May fall on your knees when you should stand, and stand up straight when your two knees are screaming with pain.

May turn to your belly button even when it is dirty and packed with fluff.

May keep the sprite of an infant even when you have grown up.

May sing a song in a place where people exchanged money with grubby little greasy fingers.

May lift up the stone that you will never cast.

May be just yourself, but surely know that you are just one of eight billion others.

Go ndúisí tú leat féin seachas le drochthaibhrithe daoine eile.

Go mbeire an t-ádh dearg agus buí agus crón agus corcra agus oráiste agus stráiciúil agus iomadhathach ort.

Go síola tú smaointe nár chuimhnigh Dia fós orthu.

Go snámhá tú ar thalamh nár ceapadh ar son snámha é.

Go bhfása carthanacht id chuid fola níos boige ná carthanacht na dlí.

Go n-imí tú ar aistir gan léarscáil id ghaobhar.

Go bhfaighe tú blaiseadh ar rún nach scaoilfear leat.

Go bhfana tú i gcochall d'anama nuair a bheidh cochall anama eile á sairsingiú ort.

Go dté tú ar do dhá ghlúin nuair is dual duit seasamh, agus go seasa tú go colgdhíreach nuair a bheidh do dhá ghlúin ag éamh ort le pian.

Go gcasa tú le háthas ar pholl an imleacáin go fiú is nuair a bheidh sin salach agus tachtaithe le clúmh.

Go maire spiorad an naíonáin ionat go fiú is má fhásann tú suas.

Go gcana tú amhrán san áit a raibh daoine ag malartú airgid le méireanta beaga buí.

Go n-ardaí tú an chloch a chuirfidh tú uait gan chaitheamh.

Go raibh agat tú féin, ach go n-aithní tú nach bhfuil ionat ach duine amháin den ocht mbilliún.

The Undocumented Irish

The babies lie there in their sepulcher of sewage
waiting for the resurrection.

They are quietly comfortable now wrapped up
as they are in their septic swaddling clothes

buried with the relics of auld decency,
without great fuss and to no great holy cost.

Quite legitimately, they got no great good succour
in their wail of tears,

and yet they lie there patiently waiting for the resurrection,
yea right, waiting for the resurrection.

Na Siúracha sa Reilig

Tuirlingíonn an doircheacht ar an gclochar anocht
is gan de chaint ann ach na cnámha
is na cloigne bochta beaga nach raibh de chaoi acu
smaoineamh ar an bpeaca féin nach bhfaigheadh
siad de phléisiúr a dhéanamh ná a rá.

Piseanna beaga teanna reoite á gcur i dtalamh
sna feadáin sin nach bhfliuchfaí a choíche
le gunnaí neamhcheadaithe an tsaoil seo
um thorthaí nár leomhaigh an phéist
a pholladh lena shleamhnán sleamhain féin.

Sa chúinne thiar tá banc dramhaíl
ina bhfuil an charthanacht curtha
ná céadta gan áireamh den óige álainn
caite mar dhramhaíl sa charn caca,
na blianta áille den tseirbhís caite.

Villanelle Against the Algorithm

Don't let you be an algorithm now or even ever,
too many fall under its absolute control,
give into fashion, the latest thing that's clever,

so, don't give in to pressure, it's now or never
to keep hold of your mind, forget the polls
and go your own way, don't fear to sever

your links with what you must think forever
those thoughts with which all are consoled,
and suck you in despite your best endeavour.

Banish all that everyone else's stuff, whatever
holds you back from just being another prole
but makes you stupid, remember you are clever,

and not just one more common eager beaver
in the river of life either swimming or on a roll
to what an algorithm can get or even lever.

Nor for that matter neither be a cookie, not much better
than being one of that hill of beans without a goal
and not being you yourself, just another woolly wether
in the grip of the anonymous algorithm
for now and ever.

Villanelle in Aghaidh na nAlgartam

Ná bíodh tusa id algartam anois choíche ná go deo
tá an iomad daoine cheana go hiomlán faoi smacht
ag an earra atá sa bhfaisean, ag an bhféar a itheann bó,

mar sin, seachain a mbeidh á bhrú ort a choíche is go deo.
Smaoinigh, is fearr le húdarás a bhfuil scríte insan reacht
ná tusa ag dul do bhóthair féin, is tú ag síoréaló

óna bhfuiltear i gcónaí á sáirsingiú ort, istoíche is isló:
An smaoineamh is déanaí ar maos le gnáthúlacht
nuair ab fhearr bheith dílis daingean duit féin gan aon agó.

Is ea, fág lasmuigh den doras gach algartam go deo.
Ceannaigh seo is siúd is uile eile le gach dealraitheacht
ach nuair a thagtar chugat ar an idirlíon, is é an caochchnó

a sheolfair ar ais chucu le haoibhneas is gan stró,
mar caithfear dul i mbun an tsaoil le saoirse is rascalacht
is, ná bíteá thusa go brách tuilleadh id algartam go deo.

Nó ní bí ach oiread id *cookie,* id fianáin fáin i gcló
gach duine eile ag geabstaireacht go slán cruinnbheacht
a bhfuil cloiste acu ar teilifís, ag tráchtairí gach raidió,
mar fainic! Ní dual bheith id algartam,
anois, choíche ná go deo.

New Saws

The dog that is eaten at home has no taste abroad.

The bigger the gut the less the toes are seen.

The screw that goes in crooked can never be made straight again.

When the developer goes bankrupt even the brick rejoices.

The stock market has to be flattened to raise an infestation of fleas.

In every meeting there is at least one bollox.

The badger understands digging better than any philosopher.

The idea in a fool's head finds a home in that of the economist.

The poetry of Timbuktu is very far away but that of Labasheeda is at our doorstep.

Beat your child before you visit your parents.

The person who likes his steak rare or raw should go back half a million years.

The basket can not be filled up with only sweet apples.

To the person with imagination the ant can be a cow.

NUAFHOCAIL

An madra a itear sa bhaile, ní bhfaigheann na comharsain aon bhlas air.

Dá mhéid an bolg is ea is mó nach bhfeictear ladhracha na gcos.

An scriú a ghabhann isteach cam, ní dhíreofar é go brách.

Nuair a theipeann ar ghnó an tógálaí déanann an bríce féin rince le háthas.

Is gá stoc an mhargaidh a leagadh chun cith dreancaidí a mhúscailt.

I lúib gach cruinnithe istigh tá ar a laghad aon bhalaics amháin.

Is fearr a thuigeann an broc an tochailt ná mar a thuigeann an fealsamh.

An rud a thosnaíonn i gcloigeann an amadáin, faigheann sé nead i gceann an eacnamaí.

Tá filíocht Timbuktu i bhfad uainn, ach tá Leaba Shíoda ar lic an dorais.

Buail do leanbh sula dtugann tú cuaird ar do mháthair.

An té a itheann feoil amh ba cheart dó dul siar leathmhilliún bliain.

Ní féidir an ciseán ar fad a líonadh le húlla deasa.

Don té a bhfuil samhlaíocht aige bó is ea an seangán.

When your head does not work welts grow on your hands.

A boar's fart is stronger than the feather of a hen.

The prisoner is happy if his cell comes up smelling of roses.

Memory is the enemy of dreams.

If grammar is the bones of a language, then what is the flesh?

An educational conference is a meeting of those who can't teach.

It is not enough to love literature, you must hate much of it with a passion even more.

The guy at the back of the class will run the world.

The story is the way the storyteller has to tell another.

Little boy, who are you not trying to emulate when you grow up?

Billions of words lie behind the simplest lyric.

Every diarrhoeaist understands anarchy only too well.

Learning does not even tickle education.

The lazybones doesn't even want to wipe his arse.

Nuair nach n-oibríonn do chloigeann fásann coilm ar do lámha.

Is fearr broim an toirc ná cleite circe.

Beidh an cime sásta má tá boladh an chúmhráin óna chillín.

Is í an chuimhne namhaid na n-aislingí

Más í an ghramadach cnámharlach na teanga, cad í an fheoil?

Comhdháil oideachais – múinteoirí ar fad gur theip orthu.

Ní leor grá a thabhairt do leabhair, ní foláir fuath a bheith agat do chuid éigin acu chomh maith.

Bíonn saibhir agus saibhir thuas seal agus thuas seal.

Is é atá sa scéal bealach an scéalaí le scéal eile a dhéanamh.

A bhuachaillín bhig, cén duine nach bhfuil tú ag iarraidh aithris a dhéanamh air nuair a fhásfaidh tú suas?

Tá na billiúin focal laistiar den liric is giorra.

Tuigeann gach buinneachánaí cad is ainrialtas ann.

Ní hí an fhoghlaim iomláine an oideachais.

Ní mian leis an leisceoir a thóin a thochas.

Mankind is like Wagner's music: dull, boring, goes on too long and cannot be understood.

The theory of virtue is already known to the angels.

Even the emperor must have a shite.

The happy horse does not have a long face.

Your head is the best laboratory.

Bad humour is the poison that spoils the day.

You are not the only friend your best friend has.

You can listen to the music of the spheres and still hear nothing.

However short be youth, the longest old age is shorter still.

Poetry is music unborn.

All superstitions are found under the third nipple.

The style of yesterday is now a laughing lie.

You will never see the sun come up in Galway bay.

The act of writing is always a success because there is no such thing as perfection.

If you swallow a lot of crap you better have a big arsehole.

Is cosúil an duine le ceol Wagner: tá leamh, tuirsiúil, maireann rófhada agus ní thuigtear é.

An teora atá ag an tsúáilce, tá cheana ag na haingil.

Bíonn ar an Impire a chac a dhéanamh.

Tá fuacht na bpaisean sna súile gorma.

Is é do chloigeann an tsaotharlann is fearr.

Is í nimh an drochghiúmair a loiteann an lá.

Ní tusa an t-aon chara amháin atá ag do chara.

Caithfear an rud is mó a ghairm chugat chun an rud is lú a shásamh.

Dá fhad í an óige, is giorra í ná an tseanaois is sínte.

Ceol reoite is ea an fhilíocht.

Tá na piseoga le fáil faoin tríú dide.

An stíl a bhí fíor tráth, is bréagach anois í.

Tá guth na braistinte fíorlag, agus guth na tuairimíochta mós mór.

Gníomh éiritheach is ea gach scríbhneoireacht, mar ní hann don fhoirfeacht.

Má shloigeann tú cloigeann ní foláir poll tóna mór a bheith agat.

The small mind is always certain.

A difficult question should be given to every simple answer.

The financial regulator is the god that never was.

In the company of bankers the honest one is a fool.

The stronger the lack of evidence the greater the belief.

When you realise you have enough it is then that wisdom begins.

Why should the truth be naked when it can dress up in such wonderful finery?

The lubrication of the politician is the grease of the system.

The thing that cannot be seen is still there.

Wit is the grandfather of boredom.

What the dogs of the street do not know is common knowledge to the taxi driver.

The future is just as much a lie as the past.

If you lose your soul you won't find it in your inside pocket.

It is easy to make eejits of people who are already eejits.

Is den chinnteacht an aigne bheag.

Ba cheart ceist chasta a chur ar fhreagra simplí.

Is é an rialtóir airgeadais an dia nach bhfuil ann.

I gcumann na mbancéirí is é an duine macánta an t-amadán.

Dá mhéid í an easpa fianaise is ea is daingne an creideamh baoth.

Nuair atá go leor agat, is ansin atá tú ag tosnú i gceart.

Cén fáth gur cheart don fhírinne a bheith nocht nuair is féidir léi éadaí galánta a chaitheamh?

Is é beala an pholaiteora gréisc an chórais pholaitiúil.

An rud nach féidir a fheiscint, is ann fós dó.

Is é an greann seanathair an duaircis.

An rud nach bhfuil ar eolas ag madraí na sráide is deimhnitheach gurb eol don fhear tacsaí é.

Bréag is ea an aimsir fháistineach chomh dearfach leis an aimsir chaite.

An té a chailleann a anam, ní bhfaighidh sé ina phóca istigh é.

Is furasta amadáin a dhéanamh de dhaoine arb amadáin cheana féin iad.

Economics is the superstition of the politician.

There is a dark smudge even on the most holy of souls.

The schoolyard is the better classroom.

You may sandpaper a crocodile, but it will never be smooth.

Eyedrops in the nose are like Country 'n Irish music in the ears.

If you drink champagne as a child there will always be bubbles in your head.

Philosophy is always right until it is proved wrong.

The simple question will get a windy answer because theory is better than what can be seen in the clear light of day.

Theory is a monologue despite a million ugly facts.

Theory is the skeleton which keeps the body from croaking.

Theory is the thick end of the wedge.

Theory is an answer to a problem which it invented in the first place.

Theory is proof that intelligent life does not exist in the universe.

Is í an eacnamaíocht piseog na polaitíochta.

Má tá clog ina chroí ag an duine atá in am, tá rún ag an naomh nach salachar go dtí é.

Is é clós na scoile an seomra ranga is fearr.

Ar mhí-ámharaí an tsaoil tiocfaidh beagán céille le meánaois ... b'fhéidir.

Má thugann tú léim an dá bhruach titfidh tú áit éigin eatarthu.

Má ólann tú seaimpéin id naíonáin duit, beidh bulgóidí id chloigeann choíche.

Is fíor don fhealsúnacht go dtí go mbréagnaítear í.

Gheobhaidh an cheist chiúin freagra ghaofar mar is treise teoiric ná fianaise na súl n-oscailte.

Monalóg is ea an teoiric os cionn na milliún d'fhíorais ghránna.

Is í an teoiric an cnámharlach a choimeádann an corpán le chéile.

Is í an teoiric taobh ramhar na dinge.

Is í an teoiric réiteach na faidhbe a chruthaigh an fhadhb an chéad lá riamh.

Is í an teoiric an comhartha is soiléire nach bhfuil beatha intleachtúil sa chruinne.

Theory is a source of dogma for those who don't quite understand it.

Beyond theory there is real understanding.

The wind of inspiration blows when the door is not yet closed.

If theory had anything to say it would have said it a long time ago.

The healthiest heart is still only a red lump of flesh.

If economics was set in poetry nobody would understand it.

The ear is the stomach of the soul.

The most useful tool of the geometric critic is the fashionable fetish of form.

You may believe in unbridled casino capitalism but people still have to live.

You may send people to the moon but they must still have a piss.

You can sandpaper a crocodile but it will never be smooth.

There is bullshit and even greater bullshit and then there is Freud.

Economics takes people out of civic society.

Stalin would have been capable of great acts of charity if he had had a different guardian angel.

Is í an teoiric foinse mhór dogma don té nach dtuigeann í.

Tosnaíonn an tuiscint lasmuigh de theorainn na teoirice.

Séideann gaoth na hionspioráide nuair nach ndúntar an doras.

Dá mbeadh rud éigin le rá ag an teoiric, bheadh ráite fadó aici.

Ní bladaire go blagaire agus ní tuairgnín go teoiric.

Dá gcuirfí an eacnamaíocht i bhfoirm filíochta, ní chreidfí í.

Is í an chluas bolg an anama.

Níl aireagán is áisiúla don chritic ná an fhoirm.

Is féidir géilleadh don chaipitleachas buile, ach caithfidh daoine fós teacht slán.

Cuirtear duine ar an ngealach, ach bíonn air a thóin a ghlanadh.

Déantar an t-aistriú croí, ach beidh barraicíní na gcos fós gránna.

Tá bladar ann, agus tá bladar eile, agus ansin tá Freud.

Is í an eacnamaíocht a bhaineann an duine as an saol poiblí.

Bheadh Stalin ábalta ar ghníomhartha móra carthanachta, ach a mhalairt d'aingeal coimhdeachta a bheith aige.

Philosophy invents questions to which answers never existed.

Criticism is upside-down literature.

The narrow mind is the grand-daddy of meanness.

Both wisdom and stupidity dance on the tip of the tongue.

Judging a man by his clothes is like judging a horse by its saddle.

Mockery is the best prick against pride.

Can the damned get forgiveness from God?

How can you tell the silent sage from the fool who has nothing to say?

Is í an fhealsúnacht an t-ábhar a chruthaíonn ceisteanna nach ann dóibh.

Litríocht bun os cionn atá sa chritic.

Is í an intinn chaol athair na sprionlaitheachta.

Tá idir ghaois agus bhaois ag rince ar ghob na teangan.

San aighneas idir an croí agus an cloigeann is é an miangas an máistir.

Is é an magadh an polladh poimpe is uaisle.

An iarrfaidh a bhfuil damnaithe ar thalamh maithiúnas ar Dhia?

Conas is féidir an saoi balbh a aithint ón ngamal nach bhfuil faic le rá aige?

On Darien's Peak

'Cortez was the first to see the great ocean.
Gawping west with gape and great amaze,'
our teacher said with her confidence of knowing,
although her history and geography were both astray.

'He was gobsmacked, as you all say now,
and saw stretching before him, a great
kingdom of belief across the globe
being filled with graces and one true faith.'

But then I raised my hand with some caution
knowing all about the leather and its kindred kind,
and asked from the huddling back benches,
'Was it that all the native peoples were just blind?'

Ar Bheann Úd Darien

B'é Cortez a chéadchonaic an leathanmhuir
an t-aigéan, ag síneadh siar, gan teorainn,'
adúirt an múinteoir staire linn go binn
fág go raibh a geograif lom gan dintiúir.

'Bhí iontas air, agus shamhlaigh sé mór
is réim an domhain Chríostaí ag rith
ó chrios go crios fad an tsiúil amach
á líonadh le grásta aoibhinn an chreidimh chóir.'

Is d'ardaigh mé mo lámh go fáilí mall
ag smaoineamh dom ar an tslait,
is d'fhiafraíos di ón mbinse sin ar chúl:
'Arbh é go raibh an pobal dúchais dall ar fad?'

THE WONDER

I found a story in the attic,
an old story often told.
There were dragons there and gryphons
and mountain fairies and pots of gold.

And a rainbow over everything,
even the monster in the lough,
and the hawks in the wild wood smiled
at the happy ending in every book.

I lived a long time in that story
through the golden hoops of time,
playing rainbows with the candy floss,
diving with angels through the sky.

Hunting rabbits to the horizon,
purple rabbits with tails of grey
and chasing every leprechaun
or brownies sprites who had gone astray.

I went down the hole with Alice
and climbed up the beanstalk with Jack,
hacked through the forest for Goldilocks,
chased her on every path and track

down the yellow brick road to Oz,
met the three bears and their lot
fought billy goats gruff on the bridge,
supped from the magic porridge pot

and ate the spearmint of the moon,
drank the golden globs of sun
dressed in the coat of many colours
not yet worn by anyone.

An tIontas

Thánag ar scéal sa lochta lasnairde
seanscéal a hinsíodh riamh
scéal a raibh dragain ann agus gríobha
is potaí óir agus sióga ar shliabh.

Agus bogha ceatha os cionn an iomláin
fiú solas ar an arrachtach sa loch
meangadh maol ar an bhfaolchú coille
deireadh sona riamh siar amach.

Chaitheas tamallacha sa scéal sin
tamall aoibhinn geal is bán
ag súgradh leis an gcandaí flas
ag seilg aingil ar an bhfán.

Ag fiach coiníní ar íor na spéire
ar dhath an chorcra faoina gclúmh
bhog shéimh, is seilg sin an leipreacháin,
an phúca, is an chlúracáin a chuaigh amú.

Chuaigh mé síos sa pholl le hÉilís
is lean Jeaic ar an ngas pónaire suas
tríd an bhforaois ar thóir na locaí óir
is timpeall ar imeall bhéal an chuain.

Ar na brící buí go hOz, ar an mbóthar
mathúin romham, agus gabhair ghránna
nár bhlais den phota blubach leitean
nach raibh críoch choíche lena thál air.

Is d'itheas spéirmint ard na ré
is d'ólas d'unga bhuí na gréine
is chuireas orm an cóta uiledhaite
nach raibh riamh ar éinne eile.

The Land of Youth within my heart's hole,
my *sliotar*'s puck beyond the clouds,
the glitter of each magic landscape
I embraced without a doubt.

Yes, all those magic moments
beyond rainbows over there,
the other worlds I lived in
without leaden threads of care.

All these I'd now swap shop in
sometimes for a present crutch
more lively than a fairy's wand
but as real as a fleshly touch.

An Tír na nÓg i gcúl mo chroí
an liathróid chomh hard leis na feara
an fearann draíochta ansiúd lem ais
chlasaíos chugam mar nár dheineas cheana.

Is ea, leis, an tsamhlaíocht bhuile
an saol sin cheana a rabhamar ann
an chruinne nach mbeimid ann choíche
na taibhrithe uile a tháinig i gcrann,

mhalartóinn an uile phioc díobh bán
ar laethanta fada gan treoir gan triall
le caidreamh daonna craicneach slán
a thabharfadh dúshlán an tseanbhum diabhail.

I WAS HUNGRY

I was hungry
  and you set up a committee

I was hungry
  and you told me to be patient

I was hungry
  and you said that solving problems was a long process

I was hungry
  and you went to a F8 summit

I was hungry
  and you said the poor are always with us

I was hungry
  and you blamed the international terrorists who are here, there and everywhere in the world

I was hungry
  and you sent me to the Minister for Justice

I was hungry
  and you said my time was up anyway

I was hungry
  and you said that I had plenty of healthy bananas

I was hungry
  and you said that a computer was more efficient than me

I was hungry
  and you said I had to lose weight anyway

OCRAS

Bhí ocras orm agus
  chuir tú coiste ina shuí.

Bhí ocras orm agus
  dúirt tú liom foighneamh

Bhí ocras orm agus
  dúirt tú go dtógann réiteach faidhbe tamall

Bhí ocras orm agus
  chuaigh tú go dtí cruinniú F8

Bhí ocras orm agus
  dúirt tú go mbíonn na boicht i gcónaí farainn

Bhí ocras orm agus
  níor thug tú cead taistil dom

Bhí ocras orm agus
  chuir tú an milleán ar na sceimhlitheoirí idirnáisiúnta
  atá i ngach tír ar domhan gan amhras ar bith

Bhí ocras orm agus
  chuir tú an tAire Cirt an Dlí ar mo thóir

Bhí ocras orm agus
  dúirt tú go raibh mo sheal caite

Bhí ocras orm agus
  dúirt tú nach raibh taithí agam ar bhianna borba blasta

Bhí ocras orm agus
  dúirt tú gurbh éifeachtaí ríomhaire ná mé

I was hungry
  and you said God's help was closer than the door

I was hungry
  and you sent people to Mars

I was hungry
  and you said something about the natural law

I was hungry
  and you said there was a famine in Ireland too, a long
  time ago, and you understood where I was coming from

I was hungry
  and you said law and order was important too

I was hungry
  and you said this was an invention of the do-gooders

I was hungry
  and you pulled your fat gut in

I was hungry
  and you wondered why I couldn't exist on caviar and
  easter eggs and oysters and Guinness

I was hungry
  and you said that this wasn't the right way to go about it

I was hungry
  and you told me go to the World Bank

I was hungry
  and you told me to stick to the protocol

Bhí ocras orm agus
  dúirt tú go gcaillfinn meáchan ar chaoi ar bith

Bhí ocras orm agus
  dúirt tú gur gaire cabhair Dé ná an doras

Bhí ocras orm agus
  chuir tú daoine go dtí Mars

Bhí ocras orm agus
  dúirt tú gurb é an dlí nádúrtha é

Bhí ocras orm agus
  dúirt tú go raibh gorta in Éirinn, leis, fadó, uair éigin,
  tráth dá raibh, gur thuig tú dom

Bhí ocras orm agus
  dúirt tú gur tábhachtaí riail agus reacht

Bhí ocras orm agus
  dúirt tú gur samhlú de chuid na *do-gooders* a bhí ann

Bhí ocras orm agus
  tharraing tú do bholg mór isteach

Bhí ocras orm agus
  d'fhiafraigh tú nach bhféadfainn a bheith beo ar
  uibheacha seacláide ná ar oisirí agus Guinness

Bhí ocras orm agus
  dúirt tú nárbh í seo an tslí cheart le tabhairt faoi

Bhí ocras orm agus
  dúirt tú liom dul go dtí an Banc Domhanda

I was hungry
and you told me that couldn't possibly be correct

I was hungry
and you told me to come back tomorrow, or the next day, or next year, or in the next century, or whenever

I was hungry and you said:
'You can't eat here'

I had no place to sleep and you said:
'Not in my inn'

I had nowhere to go, and you said:
'Not in my backyard'

My town was burned down, and you said:
'My town is full'

I fought against ISIS, and you said:
'No men need reply'

My family drowned in the sea, and you said:
'But we have no swimming pool'

I said I was cold, and you said:
'We have ways of making you warm'

I had no money, and you said:
'The shops are too far away from you, anyway'

I said, 'I'm just as human as you,'
and you muttered, 'Well, not really'

Bhí ocras orm agus
  d'áitigh tú orm cloí leis na nósa imeachta

Bhí ocras orm agus
  dúirt tú nach bhféadfadh go raibh an ceart agam

Bhí ocras orm agus
  dúirt tú liom teacht ar ais amárach, nó an bhliain seo
  chugainn, nó an aois dar gcionn, nó cibé ...

Bhí ocras orm agus dúirt tú:
  'Ní thig leat ithe anseo'

Ní raibh áit chodlata ar bith agam agus dúirt tú:
  'Bhuel, ní sa teach ósta seo'

Ní raibh áit ar bith le dul agam, agus dúirt tú:
  'Ní im chomharsanachtsa ar aon tslí'

Loisceadh mo bhailese go talamh, agus dúirt tú:
  'Tá an baile seo againne lán'

Throid mé in aghaidh ISIS, agus dúirt tú:
  'Níl fir óga singilte ag teastáil feasta'

Bádh mo mhuintirse sa mhuir, agus dúirt tú:
  'Níl linn snámha againne ach an oiread'

Dúirt mé go raibh mé fuar, agus dúirt tú
  go raibh slite agat le mé a théamh

Ní raibh aon airgead agam, agus dúirt tú
  go raibh na siopaí rófhada uaim, cibé

I said you're supposed to love your neighbour as yourself,
 and you laughed: 'That's a lot of old guff'

I said: 'This all happened to you too,'
 and you scoffed: 'But that was a long time ago.'

Dúirt mé go raibh mé gach pioc chomh daonna leatsa,
agus dúirt tú leat féin, 'n'fheadar faoi sin'

Dúirt mé go raibh dlí ann faoi ghrá na gcomharsan
agus dúirt nach raibh ansin ach caint bhaoth

Dúirt mé gur tharla seo ar fad daoibhse, leis,
agus dhein tú gáire, 'Ach b'in fadó, fadó, fadó.'

Tiny Little Fingers

1

My name is Panchali
I have tiny little fingers
I have tiny little fingers because I am only a child
I have tiny little fingers but there are fingers tinier than mine in Bangladesh
There are no lumps on my little fingers yet
My mother's fingers are full of lumps and cuts
My mother's fingers work in the factory
My mother works in the factory also
My mother's fingers often gave me food
My mother's fingers often put me asleep
My fingers work in the factory now, too
I work in the factory as well
But I am not me
I am my fingers
My fingers work on a machine
The machine talks to my fingers
It says my fingers must work faster
If my fingers don't work faster they will be idle
If my fingers are idle I won't exist
I am my fingers
My fingers make football shirts
My fingers make everything on earth
You will see the football shirts my fingers make
at the World Cup next year
My father's fingers are also on the World Cup

Méara Beaga

dán ar son Chorn an Domhain

1

Is mise Panchali
Tá méara beaga agam
Tá méara beaga agam mar tá mé óg
Ta méara beaga agam, ach tá méara níos lú fós in Bangla Deis
Níl aon roic ar mo mhéara beaga fós
Tá roic ar mhéara mo mháthar
Bhí méara mo mháthar ag obair sa mhonarcha
Bhí mo mháthair ag obair sa mhonarcha chomh maith
Ba mhinic méara mo mháthar ag tabhairt bia dom
Ba mhinic méara mo mháthar mé a chur a chodladh
Tá mo mhéara anois ag obair sa mhonarcha
Tá mise ag obair ann chomh maith
Ach ní mise mé féin
Is mise mo mhéara
Bíonn mo chuid méara ag obair ar mheáisín
Labhrann an meáisín lem mhéara
Ní labhrann an meaisín go deas lem mhéara
Caithfidh mo mhéara obair a dhéanamh níos tapúla
Mura ndéanann mo mhéara obair níos tapúla beidh siad díomhaoin
Má bhíonn mo mhéara díomhaoin, ní ann dom
Is mise mo mhéara
Déanann mo mhéara geansaithe peile
Déanann mo mhéara gach dath ar domhan
Feicfear na geansaithe a dhéanfaidh mo mhéara i gComórtas Peile Chorn an Domhain
Tá méara m'athar ar Chorn Peile an Domhain

2

My father is Ahmed
He has big fingers
Big strong tough fingers
He lifted me up with his big strong tough fingers
when I was very small and he was a huge giant
My father's fingers are very far away now
My father's fingers are making money for us now in Qatar
My father's fingers made music for us at home
My father's fingers made the zitar sing everyday
My father's fingers taught me music, but there is no music
in this factory where we make the football shirts
My father's fingers now make bricks
They cannot make much music out of bricks
The bricks do not speak to his fingers as the zitar did
My father's fingers are dumb without music
They are rough and knobbly without music
My father's fingers are building the world as it will be
My mother's fingers weaved the world as it was
My fingers sustain the world as it is
I would love to squeeze my father's fingers
I would love if they were near me, at hand
I would love my own tiny fingers to be big and strong and
rough
But the big strong rough fingers of the sea and of money
come between us

2

Ahmed m'athair
Tá méara móra aige
Méara móra láidre
D'ardaigh sé mé ón talamh lena mhéara móra láidre nuair a bhí mé féin beag bídeach agus eisean ina fhathach
Tá méara m'athar i bhfad uaim anois
Tá méara m'athar ag tuilleamh airgid dúinn anois in Qatar
Bhíodh méara m'athar ag déanamh ceoil dúinn sa bhaile
Bhíodh méara m'athar go binn ar an zitar gach lá riamh
Mhúin méara m'athar dom conas ceol a dhéanamh, ach níl aon cheol sa mhonarcha seo ina bhfuil geansaithe peile á ndéanamh
Bíonn méara m'athar anois ag plé le brící
Ní féidir le méara m'athar mórán ceoil a bhaint as brící
Ní labhrann na brící le méara m'athar mar a labhradh an ceol
Tá méara m'athar balbh anois gan cheol
Tá méara m'athar garbh anois gan cheol
Tá méara m'athar ag tógáil an domhain mar a bheidh
Méara mo mháthar ag sníomh an domhain mar a 2bhíodh
Mo mhéara féin ag cothú an domhain mar atá
Ba mhaith liom breith ar mhéara m'athar
Ba mhaith liom iad in aice láimhe
Ba mhaith liom mo mhéara beaga ina méara móra
Ach tá méara móra na farraige is an airgid eadrainn araon

3

My name is Panchali
I have tiny little fingers
But other people have big strong rough ones

3

Is mise Panchali
Tá méara beaga agam.
Ach tá méara móra ag daoine eile

The Four Horsemen of the Apocalypse Coming Over the Brow of the Hill

The first one rode on a scabby pony
the second on an ass
the third and fourth, respectively
on jennets – but let that pass.

The first one fell from his saddle,
the assman got stuck in the mud
but the third and fourth dismounted then
to have a quiet shite in the woods.

Ceathrar Marcach na hApacailipse ag Teacht de Dhroim an Chnoic

An chéad duine díobh ar sheanaghroga
an tarna in airde ar asal
an tríú agus an ceathrú, ceann ar cheann
ar mhiúil agus ar chamachamall.

Fear an chapaill thit dá dhiallait
fear an asail, chaill sé an tslí
an tríú agus an ceathrú, b'éigean dóibh stad
chun a gcac a dhéanamh sa choill.

My First Day at School

My lovely big sister said
that they would put manners on me.
The nuns.

I didn't quite understand why,
as I wasn't bold, or cross, or bad-tempered.
Or so I thought.

Nonetheless, I was dragged there
not quite screaming, but my mother's hand
on mine was like a vice.

She said sweet words to me at the gate,
but I gripped the school railings whining,
all for show.

A nun appeared inside, stick in hand,
children in rows entrapped in desks
by holy orders.

A blackboard, a black head, all eyes
on the clear straight picture
and one word.

'Look at this,' she said in English clear,
'but we are not going to say that anymore,
it is now a *doras*.'

I stared in wonder, and travelled
up into the air from where I sat
straight through that door.

Mo Chéad Lá ar Scoil

Dúirt mo dheirfiúr mhín liom
go gcuirfeadh siad smacht orm.
Na mná rialta.

Níor thuigeas cén fáth a mbeadh gá leis sin.
Ní rabhas dána, ná dalba, ná deacair.
Dar liom.

Mar sin féin, stracadh ann mé ar maidin.
Greim ag mo mháthair orm go teann,
agus ní a mhalairt.

Dhein sí peataireacht orm ag an ngeata,
mo lámh ar na ráillí iarrainn ag gol,
mar dhea.

Bean rialta laistigh, maide ina láimh,
páistí ina sraitheanna sínte ar chrinlíní
ar ordú oird.

Clár dubh, ceann dubh, amas gach súil,
pictiúr ann go cruinn deas néata
is focal amháin.

'*Look at this*,' adúirt sí, ina Béarla binn,
'*but we are not going to say that anymore,*
It is now a doras.'

Stánas air le hiontas, is ghluaiseas liom
ar an aer óm ionad suí ag eitilt
tríd an doras ann.

Since then, I have been travelling
through doors of wonder and of nonsense,
one after the other.

Is ó shin i leith táim go seolta ag eitilt
trí dhoirse éigse is baoithe,
ceann ar cheann.

The Roads of Raasay

The roads of Raasay like tongues of fire lead
away to the giant fir trees that stand guard o'er
the mottled quilt of the island. The stream in my ears
sluicing down to slurp at the edge of the shore.

My heart leaps up to follow the magic veil
that is captured now on the bright sun's edge
as it aspires to climb the ladder of coming rain
before the isle beaks up under its curtain of midges.

The sap rises up in the woods despite Bible or kirk,
their thousand necks stretch out to keek and gawp
at Sgurr nan Gilleann, while down below the thirst
of life is a pulse that can't be sold or bought.

As for me, beyond those far and distant misty horizons
I see the ends of dreams, of prayers and my orisons.

Cosáin Ratharsaidh

Bóithre Ratharsaidh ina dteallairí tine uaim ag síneadh
i dtreo na ngallán giúise mar a bheadh garda cosanta
os cionn súsa an oileáin. Siúl na sreabh im chluasa
ag titim anuas ar bhruach an chuain thíos á slíobadh.

Mo chroí féin ag spuaicscáileanna á shuathadh
go leagaim uaim iad in eangach gheal na gréine
a ghabhann dréimire na fearthainne agus luanscamaill
spéire ina lúb isteach. Trí chuirtíní na míoltóg feicim rúta

An oileáin á mhúscailt. Súchraobh shórd na coille
ag cothú neimhe beagbeann ar Bhíobla nó ar chirc;
mílte muineál na gcrann ag casadh le féachaint ar sgurr
nan Gilleann, is laistíos díobh bradánbheatha an duine

ag stocaireacht ar a shon féin mar is fearr is eol dó
ar a shlí go ceann an chúrsa siar amach ar bhóithre.

About the Author : Faoin Údar

Alan Titley is an author and scholar. He has written ten novels, five collections of stories, three collections of poetry, many plays, some film scripts and translations as well as studies and essays on Irish, Scottish Gaelic, Manx and Anglo-Irish literature. A native of Cork city, he was educated there and in Dublin. He taught in Nigeria during the Biafran war. Was Head of the Irish Department in St Patrick's College for twenty-five years and Chair of Modern Irish in UCC where he is now an Emeritus Professor. He was elected to The Royal Irish Academy in 2012. He has been awarded the Pater Prize and The Stewart Parker Award for Drama, The Butler Prize of the Irish-American Cultural Institute, The Eilís Dillon Prize for Children's Literature, Oireachtas prizes in many categories and his version of the *Táin* for younger readers has been elected to the IBBY (International Board of Books for Young People) Honour List in 2024. He translated Máirtín Ó Cadhain's classic novel *Cré na Cille* into English as *The Dirty Dust*, as well as his novella, published as *The Dregs of the Day*. His selected essays are published as *Nailing Theses*. He is also co-editor of *The History of the Irish Book Vol.II* (OUP) and has written a weekly column for *The Irish Times* since 2003.

Scríbhneoir agus scoláire é Alan Titley. Tá úrscéalta, gearrscéalta, fabhalscéalta, filíocht, drámaí, scrioptanna, cláracha faisnéise teilifíse agus aistriúcháin fara scoláireacht liteartha scríte aige. Corcaíoch ó dhúchas, fuair sé oideachas ansin i gColáiste Chríost Rí agus i gColáiste Phádraig, Droim Conrach, áit ar bronnadh bonn óir na múinteoireachta air. Chaith seal ag teagasc san Afraic agus ag múineadh buachaillí bodhra i mBaile Átha Cliath, sular ceapadh mar léachtóir sa Ghaeilge é i gColáiste Phádraig, áit ar chaith sé 25 mbliana mar Cheann Roinne. Ina dhiaidh sin bhí ina Ollamh le Nua-Ghaeilge in UCC, áit a bhfuil sé ina ollamh emeritus faoi láthair. Roinnt duaiseanna liteartha bronnta air idir Oireachtas agus eile. Ag scríobh colún seachtainiúil don *Irish Times* ón mbliain 2003.